AF221990

Impressum
Verlag: BABADADA GmbH, Nedderfeld 112 , 22529 Hamburg
Geschäftsführer / Verlagsleitung: Harald Hof
Druck: Books on Demand GmbH, In de Tarpen 42, 22848 Norderstedt

Imprint
Publisher: BABADADA GmbH, Nedderfeld 112 , 22529 Hamburg, Germany
Managing Director / Publishing direction: Harald Hof
Print: Books on Demand GmbH, In de Tarpen 42, 22848 Norderstedt, Germany

școală
اسکول

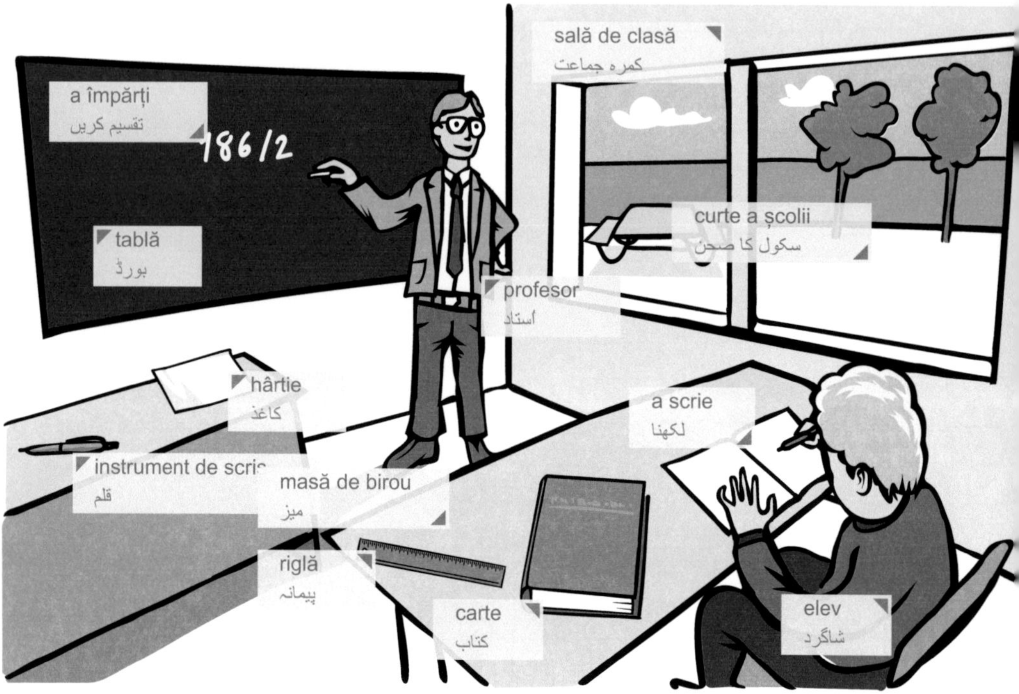

sală de clasă
کمرہ جماعت
a împărți
تقسیم کریں
186/2
tablă
بورڈ
curte a școlii
سکول کا صحن
profesor
اُستاد
hârtie
کاغذ
a scrie
لکھنا
instrument de scris
قلم
masă de birou
میز
riglă
پیمانہ
carte
کتاب
elev
شاگرد

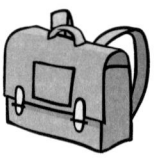

ghiozdan

بستہ

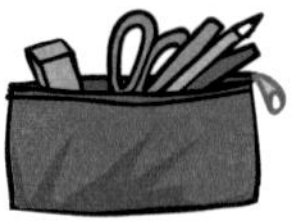

penar

پینسل کیس

creion

پینسل

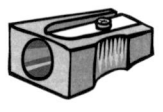

ascuțitoare

پینسل شارپنر

radieră

ربڑ

bloc de desen

ڈرائنگ پیڈ

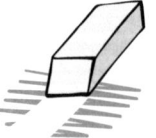

desen

ڈراننگ

pensulă

پینٹ برش

cutie de acuarele

پینٹ باکس

foarfece

قینچی

lipici

گوند

caiet de exerciții

مشق کی کاپی

temă

ہوم ورک

12

numǎr

ہندسہ

2+2

a aduna

جمع کریں

5-2

a scădea

منفی کریں

2×2

a multiplica

ضرب دیں

a calcula

شمار کریں

A

literă

خط

ABCDEFG
HIJKLMN
OPQRSTU
VWXYZ

alfabet

حروف تہجی

hello

cuvânt

لفظ

text

متن

a citi

پڑھنا

cretă

چاک

oră

سبق

catalog

اندراج

examen

امتحان

certificat

سند

uniformă școlară

سکول یونیفارم

educație

تعلیم

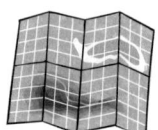

enciclopedie

انسائیکلوپیڈیا

universitate

یونیورسٹی

microscop

خورد بین

hartă

نقشہ

coș de gunoi

ویسٹ پیپرباسکٹ

călătorie

سفر

hotel
ہوٹل
Grand
hostel
ہاسٹل
ROOMS
casă de schimb valutar
رقم تبدیل کرانے کیلئے دفتر
valiză
سوٹ کیس
autovehicul
کار

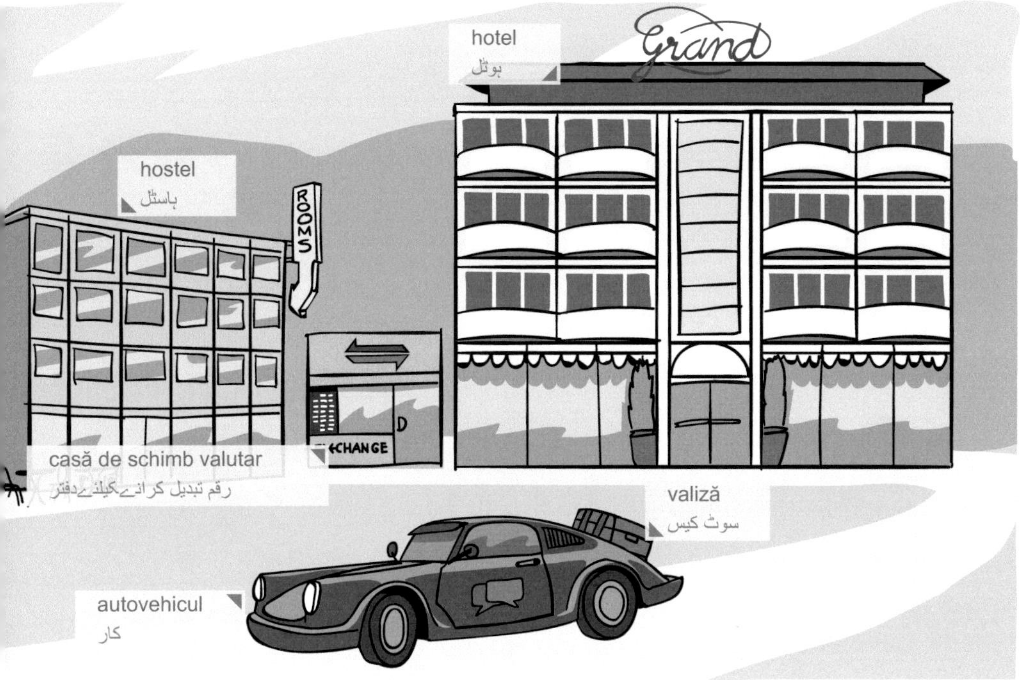

limbă

زبان

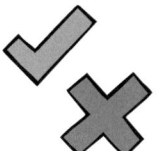

da/nu

ہاں / نہیں

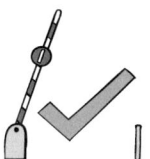

okay

ٹھیک ہے

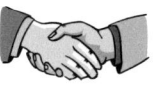

Bună!

ہیلو

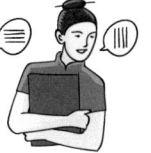

interpret

مُترجم

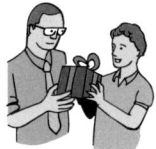

mulțumesc

شُکریہ

Cât costă…?

کی کیا قیمت ہے؟ ....

Nu înțeleg

میں نہیں سمجھتا

problemă

مشکل

Bună seara!

شام بخیر!

Bună dimineața!

صبح بخیر!

Noapte bună!

شب بخیر!

la revedere

الوداع

direcție

سمت

bagaj

سفری سامان

geantă

بیگ

rucsac

بیگ پیک

oaspete

مہمان

cameră

کمرہ

sac de dormit

سلیپنگ بیگ

cort

ٹینٹ

unct de informare turistică

سياحوں کے لئے معلومات

plajă

ساحل

carte de credit

کریڈٹ کارڈ

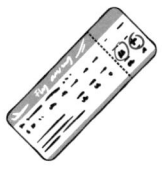

mic dejun

ناشتہ

masa de prânz

لنچ

cină

ڈنر

bilet de călătorie

ٹکٹ

lift

لفٹ

timbru poştal

مُہر

graniţă

سرحد

vamă

کسٹمز

ambasadă

سفارت خانہ

viză

ویزا

paşaport

پاسپورٹ

transport
نقل وحمل

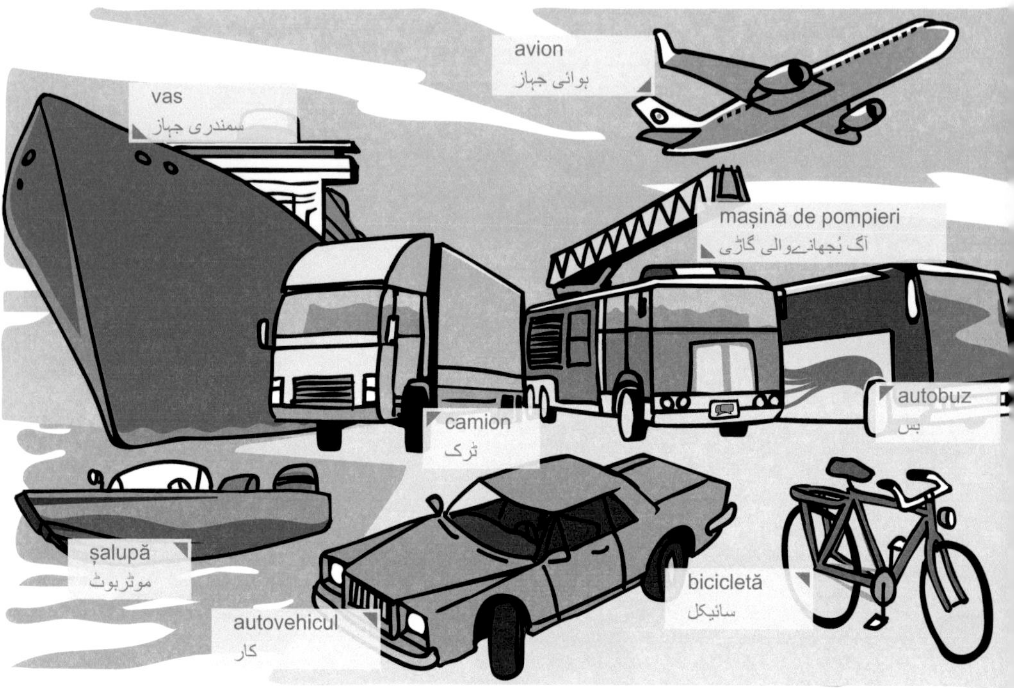
avion
ہوائی جہاز
vas
سمندری جہاز
mașină de pompieri
آگ بُجھانے والی گاڑی
camion
ٹرک
autobuz
بس
șalupă
موٹربوٹ
autovehicul
کار
bicicletă
سائیکل

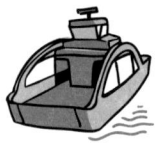

feribot
فیری

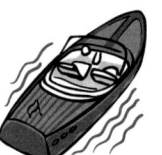

barcă
کشتی

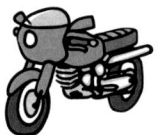

motocicletă
موٹرسائیکل

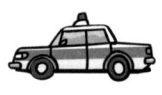

mașină de poliție
پولیس کار

mașină de curse
ریسنگ کار

mașină închiriată
کرایہ پرکار

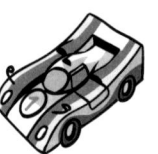

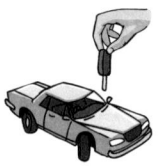

car sharing

کار کا اشتراک کرنا

maşină de tractat

کھینچنے والا ٹرک

maşină de gunoi

کوڑے والا ٹرک

motor

کار

combustibil

ایندھن

benzinărie

پٹرول اسٹیشن

semn de circulaţie

ٹریفک کے نشانات

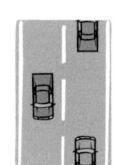

trafic

ٹریفک

ambuteiaj

ٹریفک جام

parcare

کار پارک

gară

ٹرین اسٹیشن

şine

پٹڑیاں

tren

ٹرین

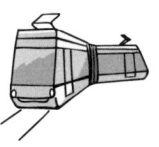

tramvai

ٹرام

vagon

ویگن

elicopter

بیلی کاپٹر

aeroport

ائرپورٹ

turn

ٹاور

pasager

مسافر

container

کنٹینر

carton

ڈبہ

căruţă

ریڑھا

coş

ٹوکری

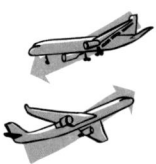

a decola/a ateriza

اڑان بھرنا / زمین پر اترنا

oraş

شہر

sat

گاؤں

centru

سٹی سنٹر

casă

مکان

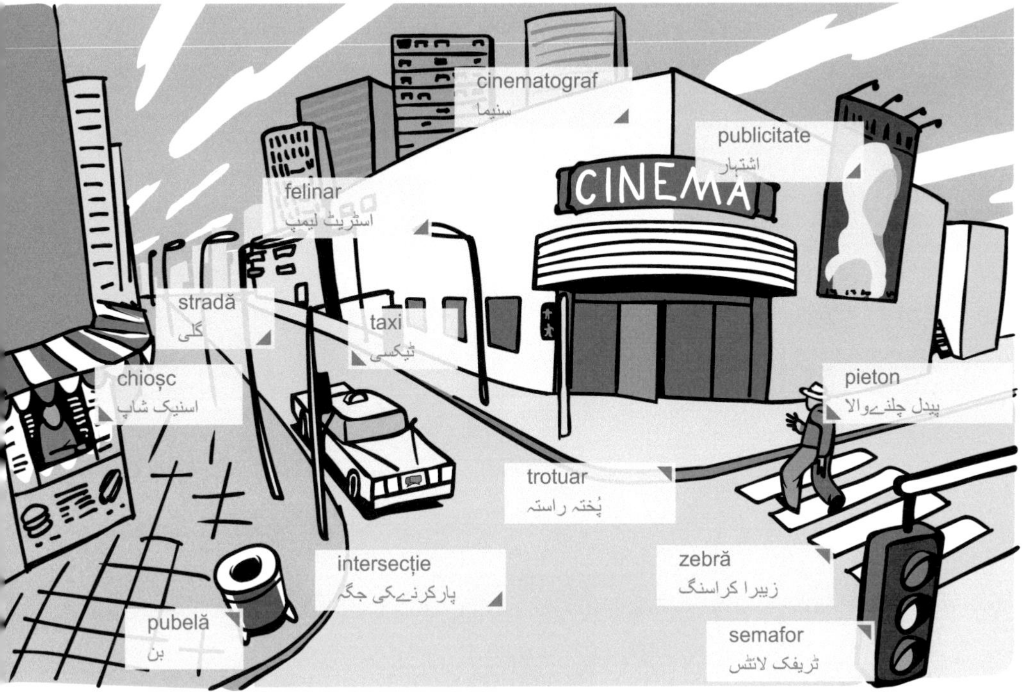

cinematograf
سینما

publicitate
اشتہار

felinar
اسٹریٹ لیمپ

CINEMA

strada
گلی

taxi
ٹیکسی

chiosc
اسنیک شاپ

pieton
پیدل چلنے والا

trotuar
پُختہ راستہ

intersectie
پارکرنے کی جگہ

zebra
زیبرا کراسنگ

pubela
بن

semafor
ٹریفک لائٹس

cabană

بٹ

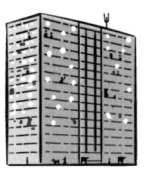

apartament

فلیٹ

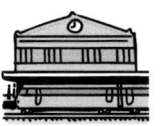

gară

ٹرین اسٹیشن

primărie

ٹاؤن ہال

muzeu

عجائب گھر

şcoală

اسکول

universitate

یونیورسٹی

bancă

بینک

spital

ہسپتال

hotel

ہوٹل

farmacie

فارمیسی

birou

دفتر

librărie

کتابوں کی دکان

magazin

دکان

florărie

پھولوں کی دُکان

supermarket

سُپرمارکیٹ

piață

مارکیٹ

magazin universal

ڈیپارٹمنٹ سٹور

comerciant de pește

مچھلی کی دُکان

centru comercial

شاپنگ سنٹر

port

بندرگاہ

parc

پارک

bancă

بنچ

pod

پل

trepte

سیڑھیاں

metrou

انڈرگراونڈ

tunel

سرنگ

stație de autobuz

بس اسٹاپ

bar

شراب خانہ

restaurant

ریسٹورنٹ

cutie poștală

پوسٹ باکس

tăbliță indicatoare cu
numele străzii

اسٹریٹ سائن

parcometru

پارکنگ میٹر

grădină zoologică

چڑیا گھر

piscină

سونمنگ پول

moschee

مسجد

gospodărie țărănească

کھیت

poluare

آلودگی

cimitir

قبرستان

biserică

چرچ

loc de joacă

کھیل کا میدان

templu

مندر

peisaj

منظر

frunză
پتّہ

indicator
رہنمائی کے لیے لگا ہوا بورڈ

drum
راستہ

pajişte
سبزہ زار

piatră
پتھر

copac
درخت

drumeţ
پیدل چلنے والا، ہائیکر

râu
دریا

iarbă
گھاس

floare
پھول

vale

وادی

deal

پہاڑی

lac

جھیل

pădure

جنگل

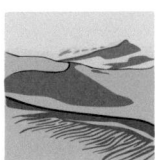

deșert

صحرا

vulcan

آتش فشاں

castel

قلعہ

curcubeu

قوس قزح

ciupercă

گھمبی

palmier

کجھور کا درخت

țânțar

مچھر

muscă

مکھی

furnică

چیونٹی

albină

مکھی

păianjen

مکڑا

gândac

بھونرا

broască

مینڈک

veveriță

گلہری

arici

خارپُشت

iepure

خرگوش

bufniță

الو

pasăre

پرندہ

lebădă

راج ہنس

porc mistreț

سؤر

cerb

ہرن

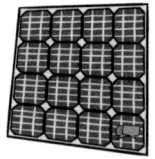

elan

امریکی بارہ سنگھا

dig

ڈیم

turbină eoliană

ہوا سےچلنےوالی ٹربائین

panou solar

سولرپینل

climă

آب وہوا

restaurant
ریسٹورنٹ

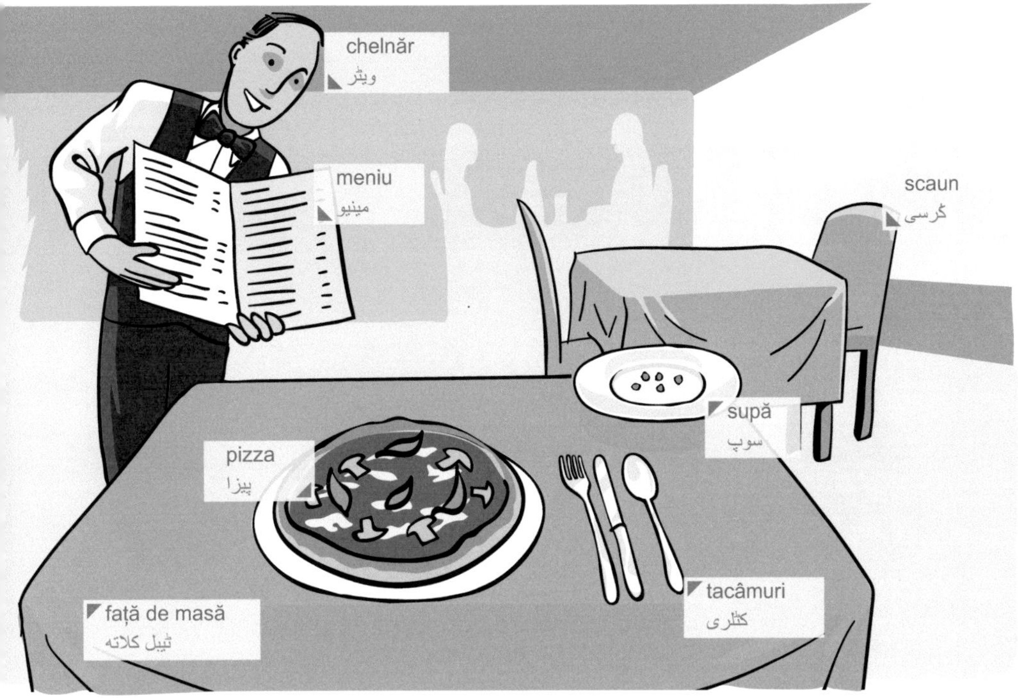

chelnăr
ویٹر
meniu
مینیو
scaun
کُرسی
supă
سوپ
pizza
پیزا
tacâmuri
کٹلری
față de masă
ٹیبل کلاتھ

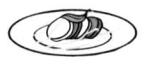

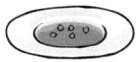

antreu

اسٹارٹر

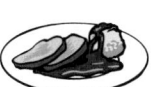

fel principal

مین کورس

desert

ڈیزرٹ

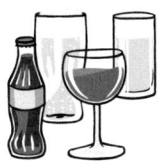

băuturi

مشروبات

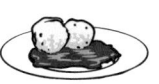

mâncare

کھانے کی اشیاء

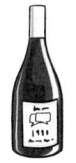

sticlă

بوتل

fastfood

فاسٹ فوڈ

streetfood

اسٹریٹ فوڈ

ceainic

چائےدانی

zaharniță

شوگرباکس

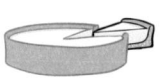

porție

حصہ

espressor

ایسپریسو مشین

scaun înalt (pentru copii)

اونچی کرسی

factură

بل

tavă

ٹرے

cuțit

چھُری

furculiță

کانٹا

lingură

چمچ

linguriță

چائےکا چمچ

șervețel

سرویئیٹی

pahar

شیشہ

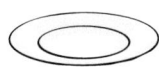

farfurie

پلیٹ

farfurie de supă

سوپ پلیٹ

farfurie

طشتری

sos

چٹنی

solniță

سالٹ شیکر

râșniță de piper

پیپرمل

oțet

سرکہ

ulei

خوردنی تیل

condimente

مصالحے

ketchup

کیچپ

muștar

سرسموں

maioneză

میئونیز

supermarket

سُپرمارکیٹ

oferta
خصوصی پیشکش
client
گاہک
FOR
produse lactate
ڈیری
fructe
پھل
cărucior de cumpărături
ٹرالی

BUTCHERS

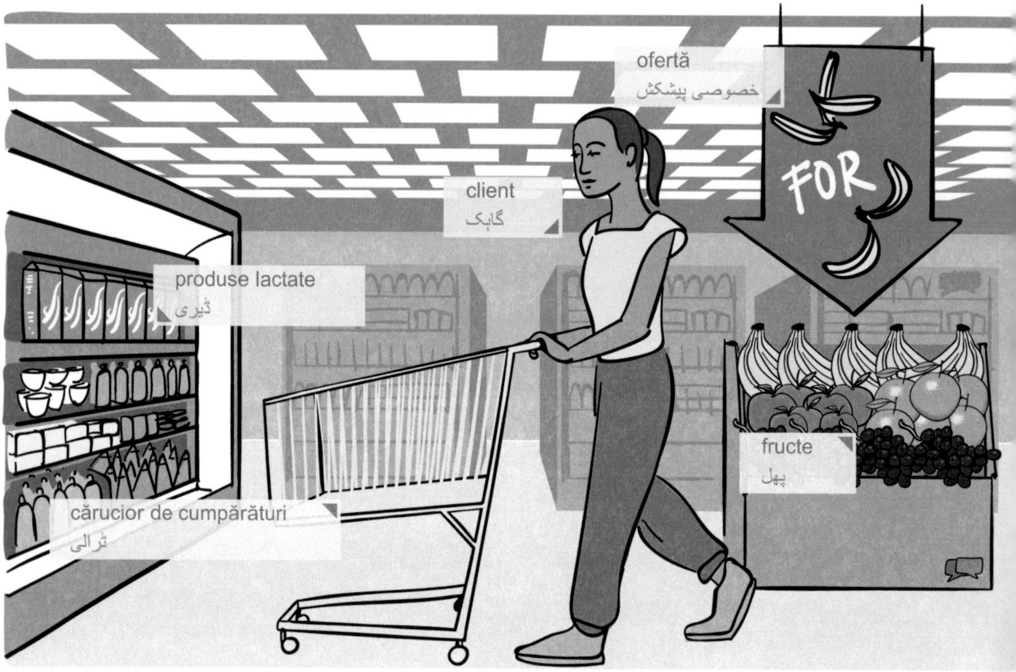

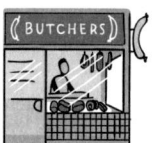

măcelărie

گوشت کی دُکان

BAKERY

brutărie

بیکری

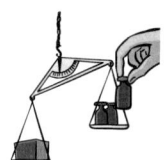

a cântări

وزن کرنا

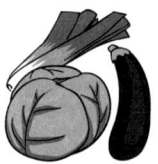

legume

سبزیاں

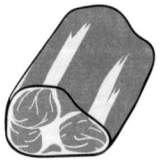

carne

گوشت

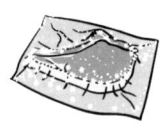

alimente refrigerate

جما ہوا کھانا

ezeluri și brânzeturi feliate

کولڈ کٹس

conserve

ڈبے میں بند کھانا

detergent

واشنگ پاؤڈر

dulciuri

مٹھائیاں

articole de menaj

گھریلو مصنوعات

produse de curățenie

صاف کرنے کیلئے مصنوعات

vânzătoare

سیلزپرسن

casă

کیش رجسٹر

casier

کیشیر

listă de cumpărături

خریداری کی فہرست

orar

اوقات کار

portmoneu

بٹوہ

carte de credit

کریڈٹ کارڈ

geantă

تھیلا

pungă de plastic

پلاسٹک کے تھیلے

apă

پانی

suc

جوس، رس

lapte

دودھ

cola

کوک

vin

وائن

bere

بیئر

alcool

الکوحل

cacao

کوکوآ

ceai

چانے

cafea

کافی

espresso

ایسپریسو

cappucino

کیپاچینو

banane

کیلا

măr

سیب

portocală

مالٹا

pepene

خربوزہ

lămâie

لیموں

morcov

گاجر

usturoi

لہسن

bambus

بانس

ceapă

پیاز

ciupercă

کھُمبی

nuci

اخروٹ، بادام و غیرہ

paste făinoase

نوڈلز

spagheti

اسپیگیٹی

orez

چاول

salată

سلاد

cartofi prăjiți

چپس

cartofi țărănești

تلے گذے آلو

pizza

پیزا

hamburger

ہیم برگر

sandwich

سینڈوچ

șnițel

کٹلیٹ

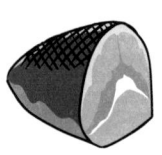

șuncă

سور کی ران کا گوشت

salam

گوشت کی اطالوی ساسیج

cârnați

ساسیج

pui

مُرغی

friptură

روسٹ

pește

مچھلی

fulgi de ovăz

جئی کا دلیہ

musli

میوزلی

cereale

کارن فلیکس

făină

آٹا

corn

کرونیسنٹ

chifle

بریڈ رول

pâine

بریڈ

pâine prăjită

ٹوسٹ

biscuiți

بسکٹ

unt

مکھن

brânză de vaci

دہی

prăjitură

کیک

ou

انڈا

ouă ochiuri

فرائی کیا گیا انڈہ

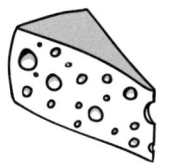

brânză

پنیر

îngheţată

آئس کریم

zahăr

چینی

miere

شہد

marmeladă

جام

cremă nuga

ناؤگٹ کریم

curry

سالن

casă țărănească
فارم ہاؤس

șură
کھلیان

balot de paie
تتکوں کی گانٹھ

câmp
کھیت

cal
گھوڑا

remorcă
ٹریلر

mânz
گھوڑے کا بچہ

tractor
ٹریکٹر

măgar
گدھا

miel
میمنہ

oaie
بھیڑ

capră

vacă

vițel

بکری

گائے

بچھڑا

porc

purcel

taur

سؤر

سؤرکابچہ

سانڈ

găină

سنس راج

rață

خطب

pui

چوزه

găină

مُرغی

cocoș

مُرغا

șobolan

چوہا

pisică

بلی

șoarece

چوہا

bou

بیلچہ

câine

کتا

cușcă

کتے کا گھر

furtun de grădină

گارڈن ہاؤس

stropitoare

پانی کا کین

coasă

درانتی

plug

ہل

seceră

درانتی

sapă

بیلچہ

furcă

ترنگل

secure

کلہاڑا

roabă

ہتہ گاڑی

troacă

حوض

cană pentru lapte

دودھ کا کین

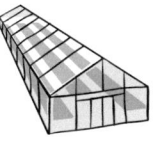

sac

تھیلا

gard

باڑ

grajd

اصطبل

seră

گرین ہاؤس

sol

مٹی

sămânță

بیج

fertilizator

فرتیلائزر

combină de treierat

کمبائن ہارویسٹر

a culege

فصل كاٹنا

recoltă

فصل كاٹنا

cartof yam

افریقی ٱلو

grâu

گندم

soia

سویا

cartof

ٱلو

porumb

مکئی

rapiță

توریا کا تیل

pom fructifer

پهلداردرخت

manioc

کساوا

cereale

دلیہ

casă

مکان

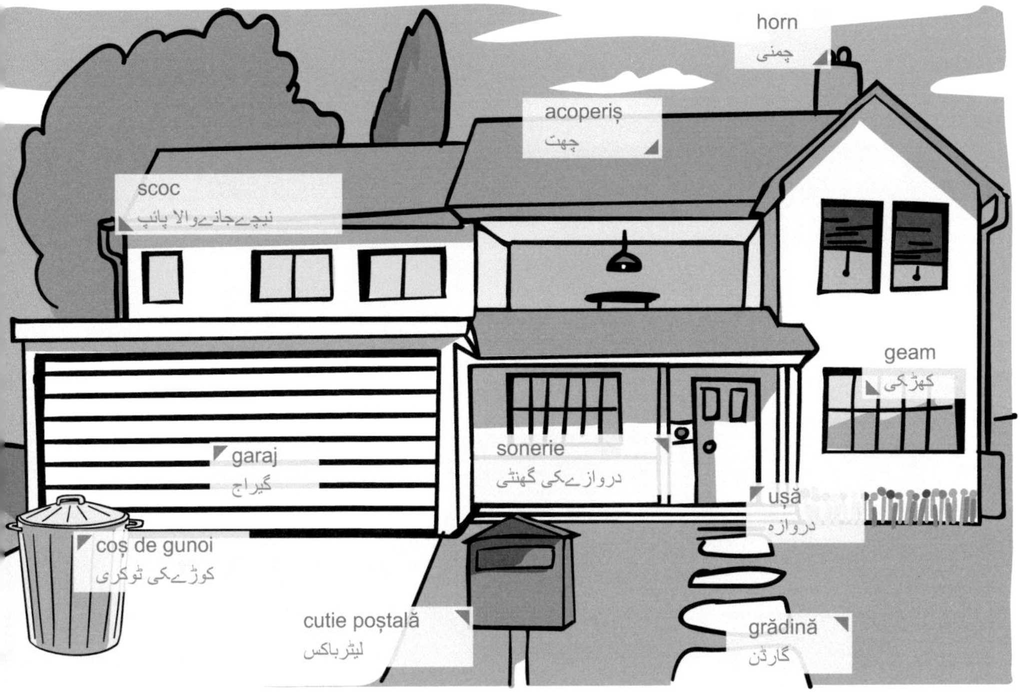
horn
چمنی
acoperiș
چھت
scoc
نیچے جانے والا پائپ
geam
کھڑکی
garaj
گیراج
sonerie
دروازے کی گھنٹی
ușă
دروازہ
coș de gunoi
کوڑے کی ٹوکری
cutie poștală
لیٹر باکس
grădină
گارڈن

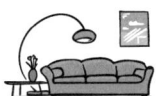

cameră de zi

لوونگ روم

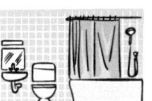

baie

غسل خانہ

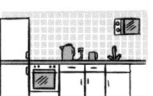

bucătărie

باورچی خانہ

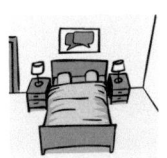

dormitor

بیڈروم

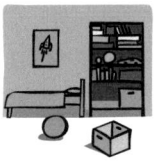

camera copiilor

بچوں کا کمرہ

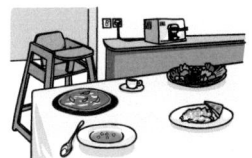

sufragerie

کھانے کا کمرہ

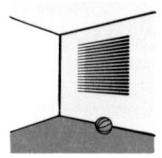

podea

فرش

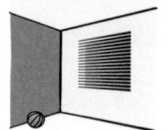

perete

دیوار

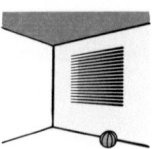

tavan

چهت

pivniță

تَه خانِه

saună

سوانا

balcon

بالکونی

terasă

ٹیریس

piscină

پول

mașină de tuns iarba

گھاس کاٹنے کی مشین

cearșaf

چادر

cuvertură

چادر

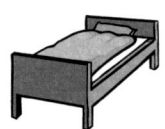

pat

بستر

mătură

جھاڑو

găleată

بالٹی

întrerupător

سونچ

cameră de zi
لوونگ روم

tapet
وال پیپر
pictură
تصویر
lampă
لیمپ
raft
شیلف
dulap
الماری
televizor
ٹیلی ویژن
șemineu
آتش دان
floare
پھول
pernă
کشن
sofa
صوفہ
vază
گلدان
telecomandă
ریموٹ کنٹرول

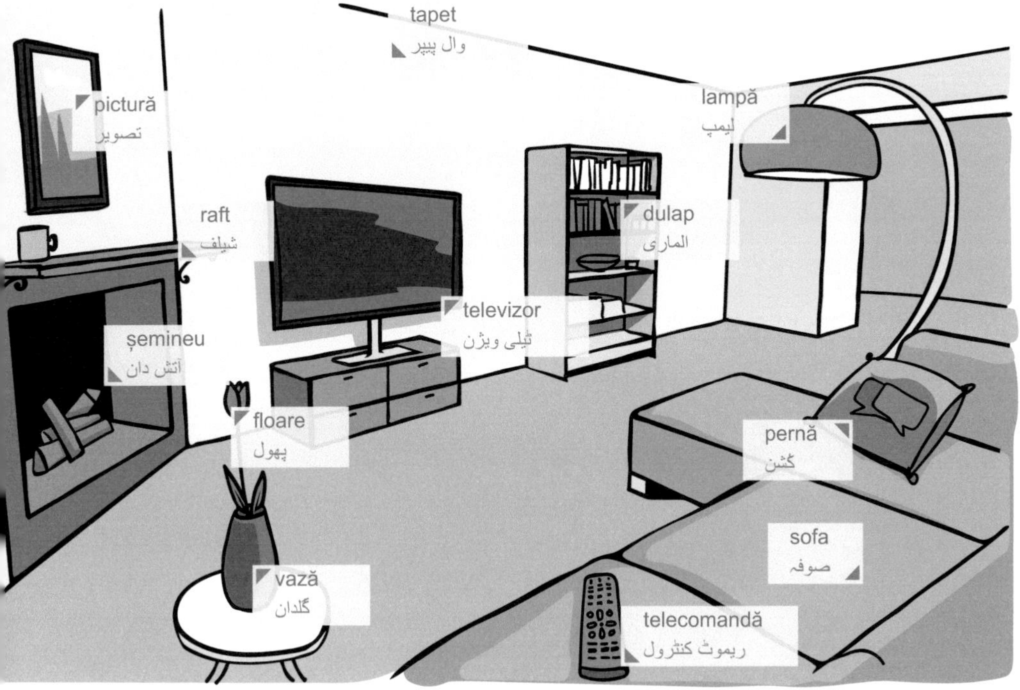

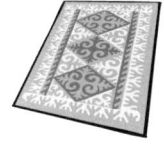

covor

قالین

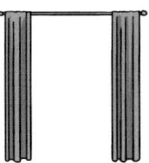

perdea

پردے

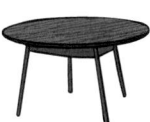

masă

میز

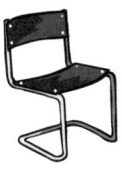

scaun

کرسی

balansoar

ہلنےوالی کرسی

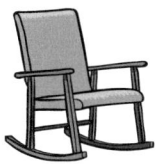

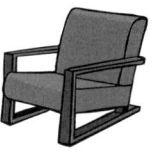

fotoliu

آرام کرسی

carte

كتاب

pătură

كمبل

decoraţiune

آرائش

lemn de foc

جلانےکی لکڑی

film

فلم

instalaţie stereo

ہائی فائی

cheie

چابی

ziar

اخبار

desen

پینٹنگ

poster

پوسٹر

radio

ریڈیو

caiet de notiţe

نوٹ بُک

aspirator

ویکیوم کلینر

cactus

کیکٹس

lumânare

موم بتی

bucătărie
باورچی خانہ

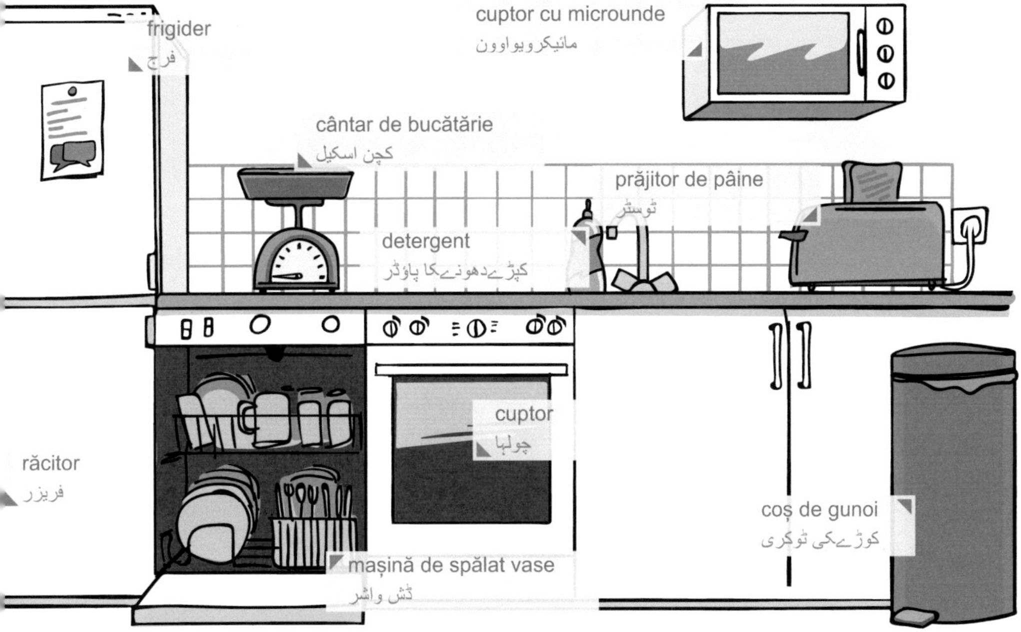
frigider
فرج
cuptor cu microunde
مائیکروویواوون
cântar de bucătărie
کچن اسکیل
prăjitor de pâine
ٹوسٹر
detergent
کپڑے دھونے کا پاؤڈر
cuptor
چولہا
răcitor
فریزر
coș de gunoi
کوڑے کی ٹوکری
mașină de spălat vase
ڈش واشر

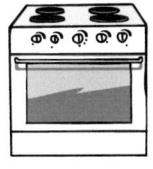

cuptor
ککر

oală
برتن

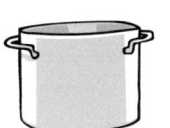

oală de metal
لوہے کا برتن

wok/kadai
کڑاہی

tigaie
برتن

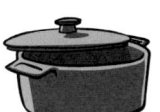

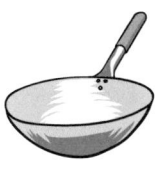

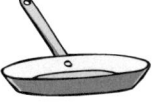

ceainic
کیتلی

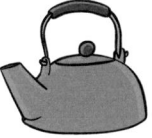

oală de gătit cu aburi

استیمر

tavă de copt

بیکنگ ٹرے

veselă

کراکری

pahar

مگ

bol

پیالہ

bețișoare

چاپ اسٹکس

polonic

ڈوئی

spatulă

کفچہ

tel

جھاڑو دینا

sită

مقطر

sită

چھلنی

răzătoare

گریٹر

mojar

کونڈی

grătar

باربی کیو

loc pentru grătar

کھُلی آگ

tocător

چاپنگ بورڈ

sucitor

بیلن

tirbuşon

کارک اسکریو

conservă

کین

deschizător de conserve

کین اوپنر

şervete termice

برتن پکڑنےوالا کپڑا

chiuvetă

سنک

perie

برش

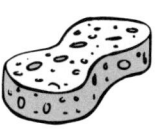

burete

اسپونج

mixer

بلینڈر

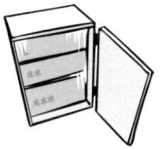

ladă frigorifică

ڈیپ فریز

biberon

بچےکی بوتل

robinet

ٹونٹی

duş
شاور

încălzire
بيٹھگ

prosop
توليہ

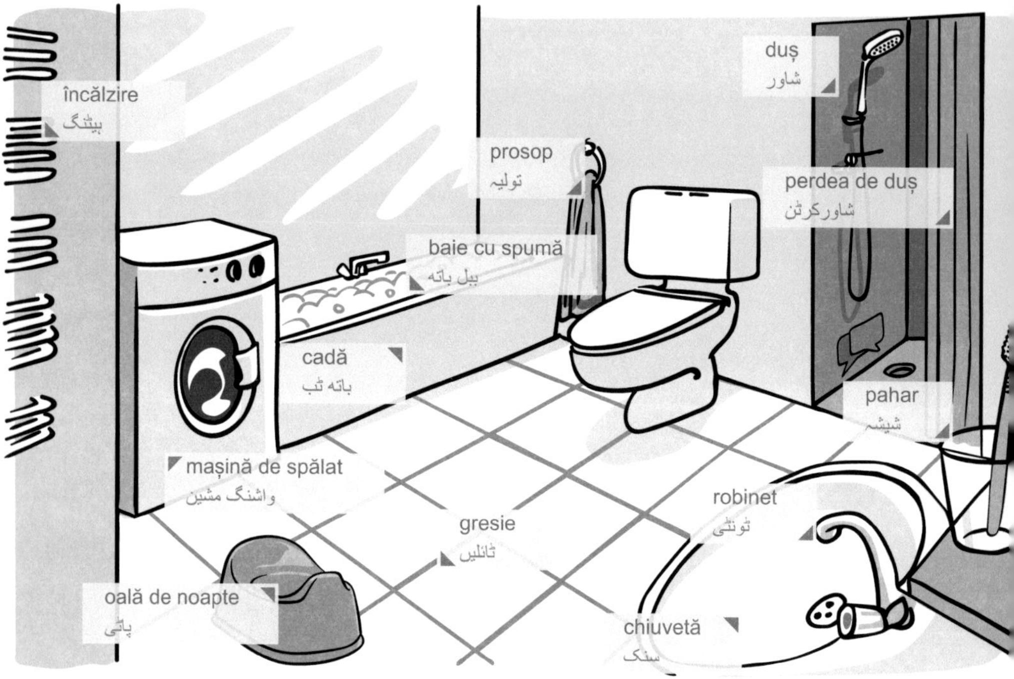

perdea de duş
شاوركرٹن

baie cu spumă
ببل باتھ

cadă
باتھ ٹب

pahar
شيشہ

maşină de spălat
واشنگ مشين

robinet
ٹوٹی

gresie
ٹائلس

oală de noapte
پاٹی

chiuvetă
سنک

toaletă

تانلٹ

toaletă turcească

دوزانوں بيٹھنے والی ٹانلٹ

bideu

نچلاحصہ دھونے كيلئے ريات

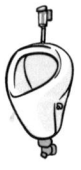

pisoir

پيشاب گاه

hârtie igienică

ٹانلٹ پيپر

perie de toaletă

ٹانلٹ برش

periuță de dinți

توته برش

pastă de dinți

توته پیست

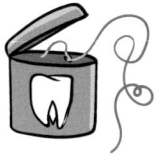

ață dentară

ڈینٹل فلاس

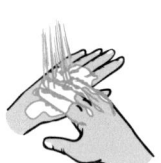

a spăla

دهونا

cap de duș

بینۃ شاور

duș intim

شاور

lavoar

بیسن

perie pentru spate

بیک برش

săpun

صابن

gel de duș

شاورجل

șampon

شیمپو

cârpă de spălat

فلالین

scurgere

ڈرین

cremă

کریم

deodorant

ڈیوڈورنٹ

baie - غسل خانہ   39

oglindă

آئینہ

oglindă cosmetică

ہاتھ میں پکڑا جانے والا آئینہ

aparat de ras

ریزر

spumă de ras

شیونگ فوم

aftershave

آفٹرشیو

pieptene

کنگھی

perie

برش

uscător de păr

ہیئرڈرائر

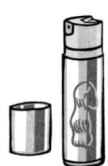

fixator

ہیئراسپرے

machiaj

میک اپ

ruj

لپ اسٹک

lac de unghii

نیل وارنش

vată

روئی

foarfece de unghii

ناخن کاٹنے کی قینچی

parfum

پرفیوم

neseser

واش بیگ

taburet

پاخانہ

cântar

وزن کرنےکی مشین

halat de baie

باتھ روب

mănuși de cauciuc

ربڑکےدستانے

tampon

ٹیمپون

tampon

سینیٹری ٹاول

toaletă chimică

کیمیکل ٹائلٹ

camera copiilor

بچوں کا کمرہ

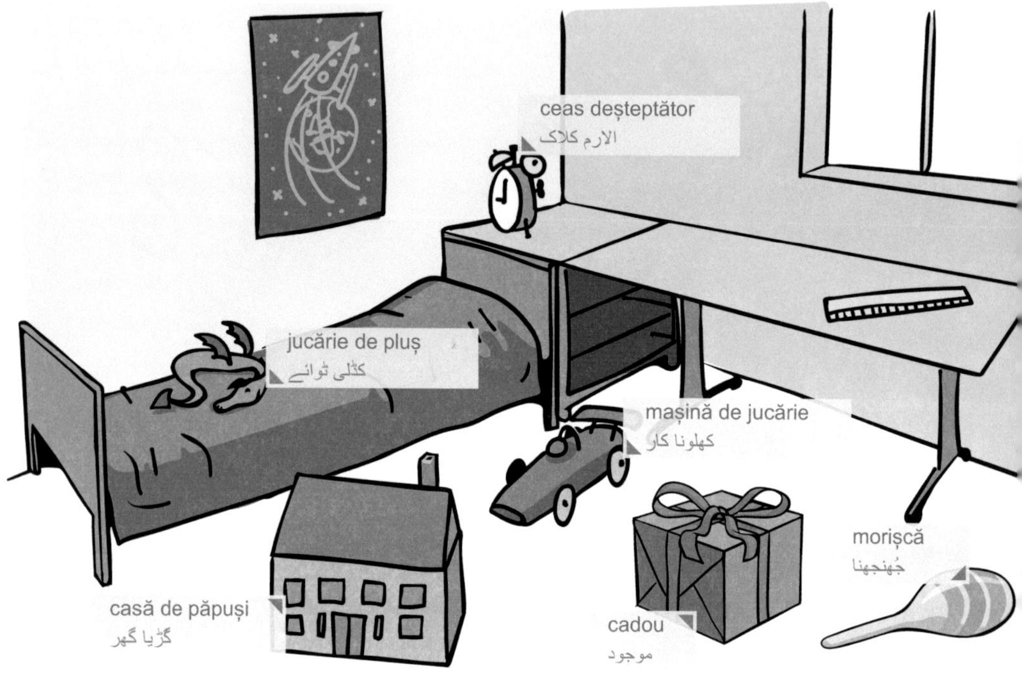

ceas deșteptător
الارم کلاک
jucărie de pluș
کٹلی ٹوائے
mașină de jucărie
کھلونا کار
morișcă
جُھنجھنا
casă de păpuși
گڑیا گھر
cadou
موجود

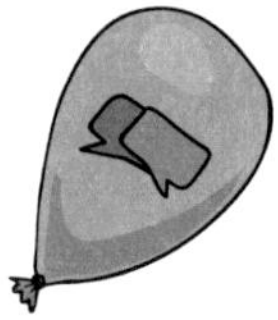

balon

غبارہ

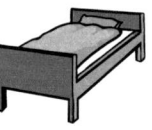

pat

بستر

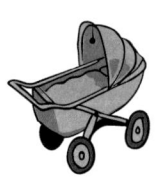

cărucior de copii

پرام

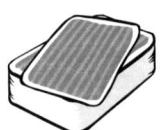

joc de cărți

ڈیک آف کارڈز

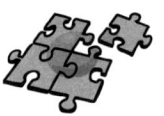

puzzle

جگسا

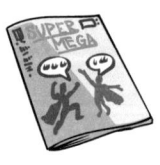

revistă de benzi desenate

کامک

cuburi lego

لیگوبرکس

piese pentru construcții

کھلونا بلاکس

personaj din filmele de acţiune

ایکشن فگر

body

بچے کا لباس

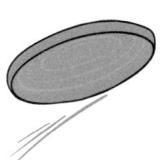

frisbee

فرسبی

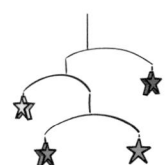

mobil

کھلونا موبائل

joc de societate

بورڈ گیم

zar

ڈائس

set trenuleţ de jucărie

ماڈل ٹرین سیٹ

suzetă

ٹمی

petrecere

پارٹی

carte cu poze

تصاویر والی کتاب

minge

گیند

păpuşă

گڑیا

a se juca

کھیلنا

groapă de nisip

سینڈ پٹ

leagăn

جھولا جھولنا

jucării

کھلونے

consolă video

وڈیوگیم کنسول

tricicletă

تین پہیوں والی سائیکل

ursuleț

ٹیڈی بیئر

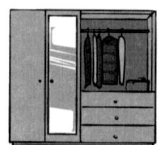

dulap

کپڑوں کی الماری

îmbrăcăminte

لباس

șosete

موزے

ciorapi

اسٹاکنگز

dres

تائٹس

şal
اسکارف

umbrelă
چھتری

tricou
ٹی شرٹ

curea
بیلٹ

cizme
بوٹ

papuci
سلیپر

pantofi sport
اسنیکرز

sandale
سینڈل

încălțăminte
جوتے

cizme de cauciuc
ربڑ کے بوٹس

chilot
زیرجامہ

sutien
بریزئیر

maiou
واسکٹ

body

جسم

pantaloni

پتلون

blugi

جینز

fustă

اسکرٹ

bluză

بلاؤز

cămaşă

قمیض

pulover

پُل اوور

jerseu

سویٹر

sacou

بلیزر

jachetă

جیکٹ

palton

کوٹ

pelerină de ploaie

رین کوٹ

costum

کوئی خاص لباس

rochie

لباس

rochie de mireasă

شادی کا لباس

costum

سوٹ

cămașă de noapte

نائٹ گاؤن

pijama

پائجامہ

sari

ساڑھی

batic

سر پر لیا جانے والا اسکارف

turban

پگڑی

burka

بُرقع

caftan

کفتان

abaya

عبایہ

costum de baie

تیراکی کا سوٹ

șort

ٹرنک

pantaloni scurți

نیکر

trening

ٹریک سوٹ

șorț

ایپرن

mănuși

دستانے

nasture

بٹن

ochelari

عینک

brățară

کنگن

lanț

ہار

inel

انگوٹھی

cercel

کانوں کی بالیاں

căciulă

ٹوپی

umeraș

کوٹ ہینگر

pălărie

ہیٹ

cravată

ٹائی

fermoar

زپ

cască

ہیلمٹ

bretele

بریسز

uniformă școlară

سکول یونیفارم

uniformă

وردی

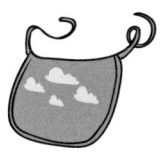

baveţică

بب

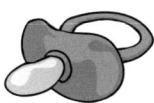

suzetă

ڈمی

scutec

نیپی

birou

دفتر

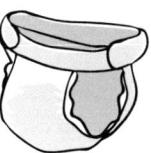

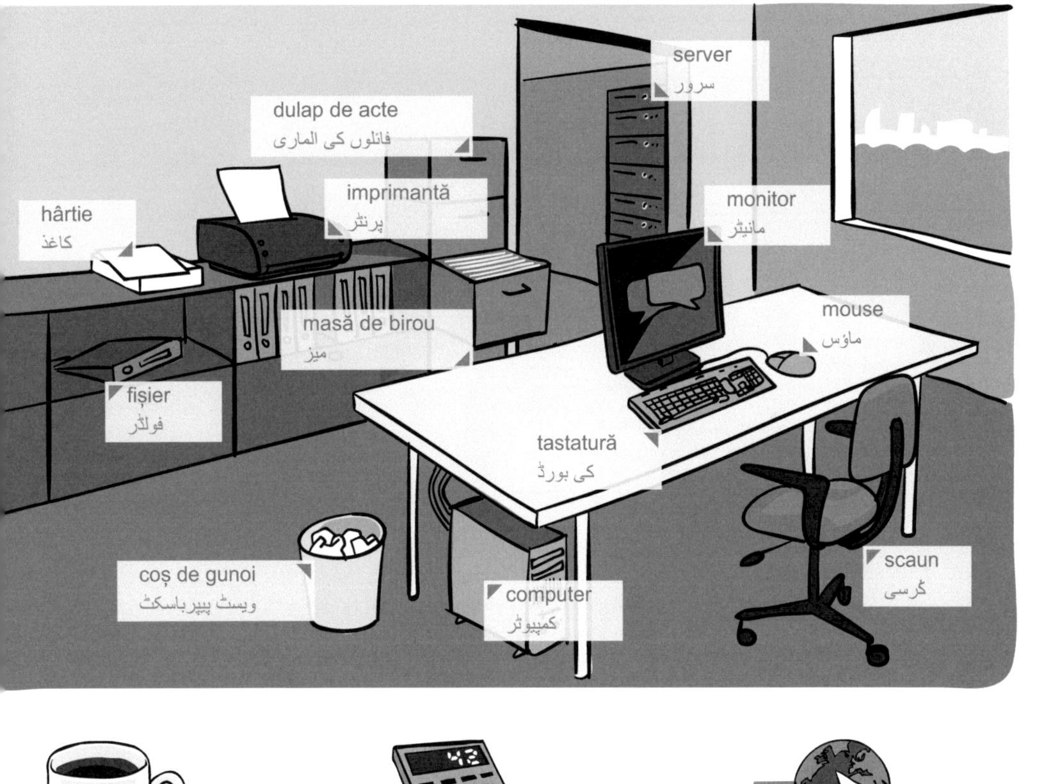

server
سرور
dulap de acte
فائلوں کی الماری
imprimantă
پرنٹر
hârtie
کاغذ
monitor
مانیٹر
mouse
ماؤس
masă de birou
میز
fișier
فولڈر
tastatură
کی بورڈ
scaun
کرسی
coș de gunoi
ویسٹ پیپرباسکٹ
computer
کمپیوٹر

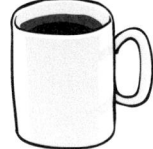

ceașcă de cafea

کافی مگ

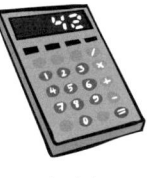

calculator

کیلکولیٹر

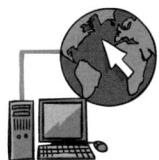

internet

انٹرنیٹ

laptop

لیپ ٹاپ

scrisoare

خط

mesaj

پیغام

telefon mobil

موبائل

rețea

نیٹ ورک

copiator

فوٹوکاپیئر

software

سافٹ ویئر

telefon

ٹیلی فون

priză

پلگ ساکٹ

fax

فیکس مشین

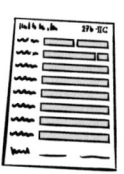

formular

فارم

document

دستاویز

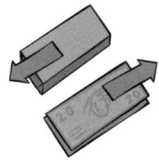

a cumpăra

خریدنا

a plăti

ادائیگی کرنا

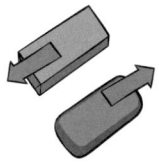

a face comerț

تجارت کرنا

bani

رقم

Dolar

ڈالر

Euro

یورو

Yen

ین

Rublă

روبل

Franc Elvețian

سوئس فرانک

renminbi yuan

رینمئیبی یوآن

Rupie

روپیہ

bancomat

کیش پواننٹ

casă de schimb valutar

رقم تبدیل کرانے کیلئے دفتر

aur

سونا

argint

چاندی

petrol

خام تیل

energie

توانائی

preț

قیمت

contract

معاہدہ

impozit

ٹیکس

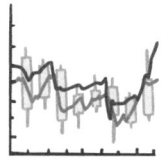

acțiune

اسٹاک

a munci

کام کرنا

angajat

ملازم

angajator

اجر

fabrică

فیکٹری

magazin

دکان

polițist

پولیس افسر

pompier

فائرمین

bucătar

خانساماں، گک

medic

ڈاکٹر

pilot

پائلٹ

grădinar

مالی

tâmplar

ترکھان

cusătoreasă

درزن

judecător

جج

chimist

کیمسٹ

actor

اداکار

şofer de autobuz

بس ڈرائیور

şofer de taxi

ٹیکسی ڈرائیور

pescar

مچھیرا

femeie de serviciu

صفائی کرنےوالی عورت

tinichigiu

چھت بنانےوالا

chelnăr

ویٹر

vânător

شکاری

pictor

پینٹر

brutar

بیکر

electrician

الیکٹریشین

muncitor în construcţii

بلڈر

inginer

انجینیر

măcelar

قصائی

instalator

پلمبر

poştaş

ڈاکیا

soldat

سپاہی

arhitect

آرکیٹیکٹ

casier

کیشیئر

florar

پھول بیچنے والا

frizer

نائی

controlor

کنڈکٹر

mecanic

مکینک

căpitan

کپتان

stomatolog

ڈینٹسٹ

om de știință

سائنسدان

rabin

یہودی عالم

imam

امام

călugăr

راہب

preot

پادری

instrumente

اوزار

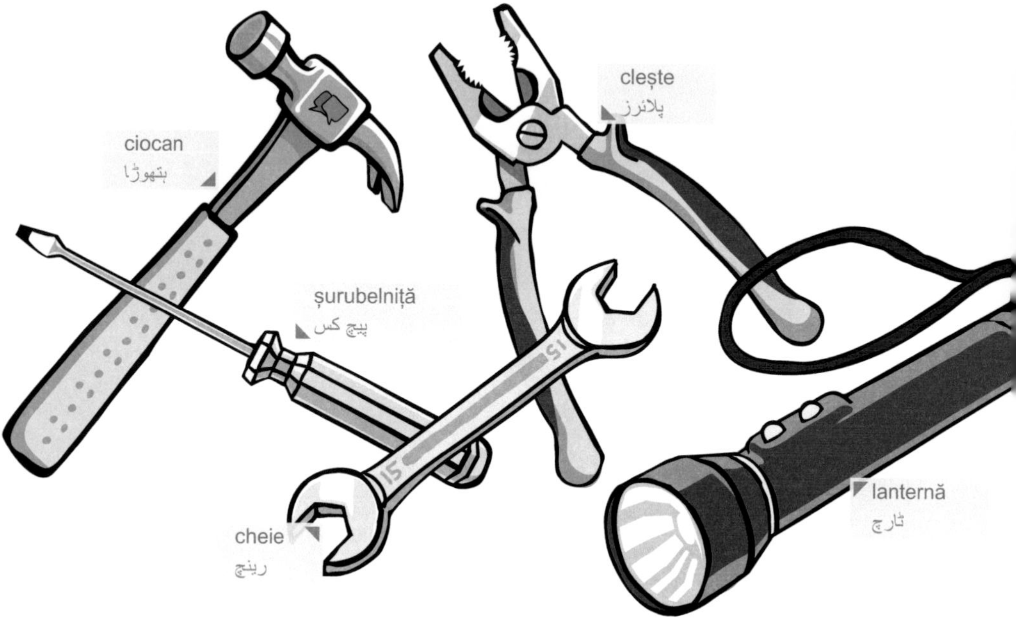

ciocan
ہتھوڑا
clește
پلائرز
șurubelniță
پیچ کس
cheie
رینچ
lanternă
ٹارچ

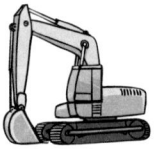

excavator

ایکسکویٹر

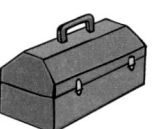

cutie de scule

ٹول باکس

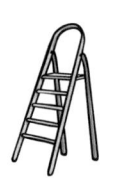

scară

سیڑھی

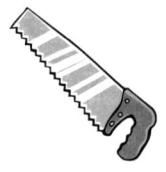

ferăstrău

آری

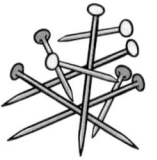

cuie

کیل

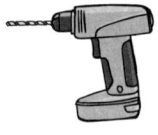

burghiu

ڈرل

a repara

مرمت کرنا

lopată

بیلچہ

La naiba!

لعنت ہو!

făraş

ٹسٹ پین

vas pentru vopsea

پینٹ پات

şuruburi

پیچ

instrumente muzicale

آلات موسیقی

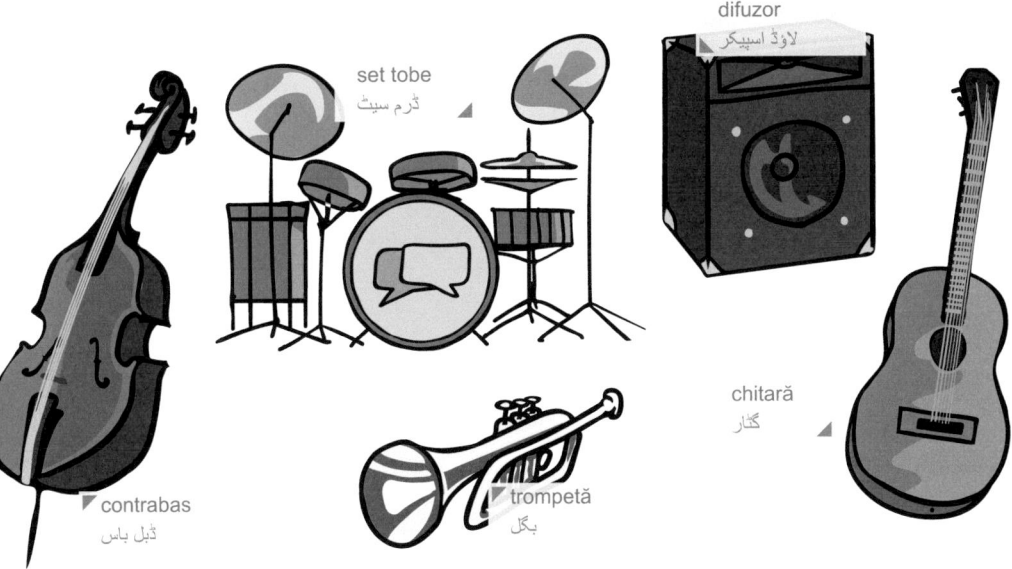

difuzor
لاؤڈ اسپیکر

set tobe
ڈرم سیٹ

chitară
گٹار

contrabas
ڈبل باس

trompetă
بگل

pian

پیانو

vioară

واﺋﻠﻦ

bas

موسیقی کی آواز

trombon

ﺗﻤﭙﺎﻧﯽ

tobă

ڈھول، ڈرمز

keyboard

کی بورڈ

saxofon

سیکسوفون

fluier

بانسری

microfon

مائیکروفون

grădină zoologică

چڑیا گھر

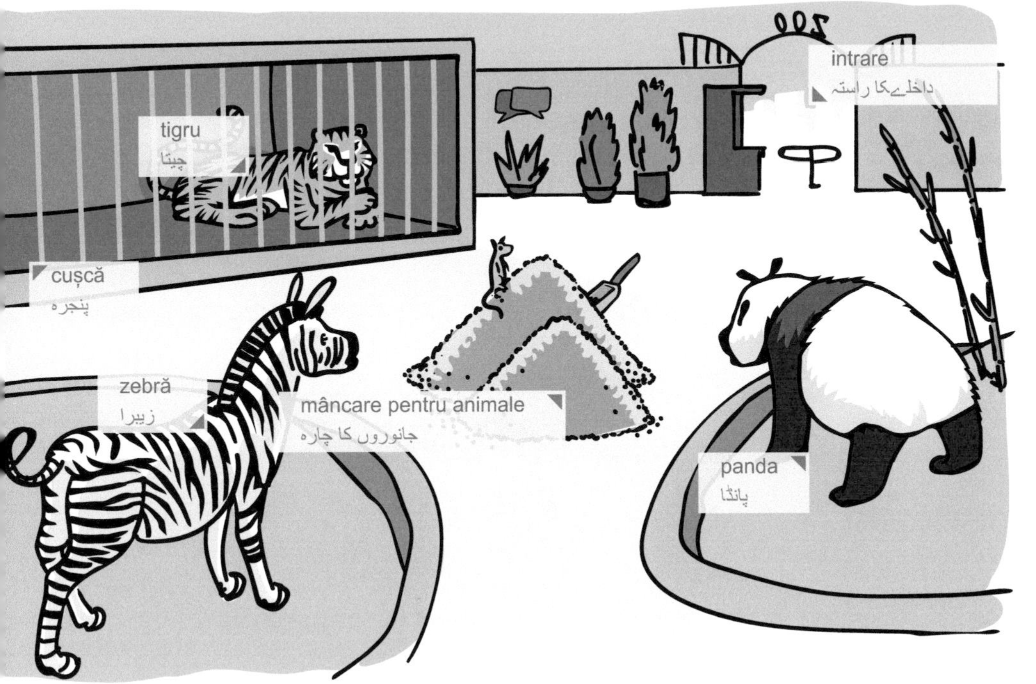
intrare
داخلے کا راستہ
tigru
چیتا
cușcă
پنجرہ
zebră
زیبرا
mâncare pentru animale
جانوروں کا چارہ
panda
پانڈا

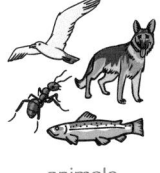

animale

جانور

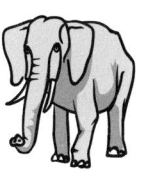

elefant

ہاتھی

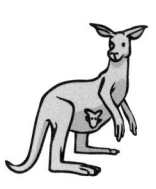

cangur

کینگرو

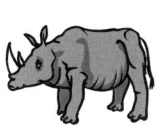

rinocer

گینڈا

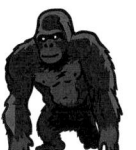

gorilă

گوریلا

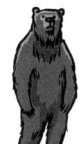

urs

ریچھ

cămilă

اونٹ

struț

شترمُرغ

leu

شیر

maimuță

بندر

flamingo

فلیمنگو

papagal

طوطا

urs polar

قطبی ریچھ

pinguin

کبوتر

rechin

شارک

păun

مور

șarpe

سانپ

crocodil

مگرمچھ

îngrijitor grădina zoologică

چڑیا گھر کا محافظ

focă

سیل

jaguar

امریکی تیندوا

ponei

تٹو

leopard

چیتا

hipopotam

دریائی گھوڑا

girafă

زرافہ

acvilă

عقاب

porc mistreț

سؤر

pește

مچھلی

broască țestoasă

کچھوا

morsă

سمندری گھوڑا

vulpe

لومڑی

gazelă

غزال برن

sport
کھیلیں

fotbal american
امریکن فٹ بال

ciclism
سائیکلنگ

tenis
ٹینس

basketball
باسکٹ بال

înot
پیراکی

box
باکسنگ

hockey pe gheață
آئس ہاکی

fotbal

فٹ بال

badminton

بیڈمنٹن

atletism

اتھلیٹکس

handbal

پینڈ بال

schi

اسکیئنگ

polo

پولو

a râde
بنسنا

a îmbrăţişa
گلے لگانا

ări
چھلانگ ل

a merge
چلنا

a cânta
گانا

a visa
خواب دیکھنا

a se ruga
ذعا کرنا

a săruta
چُومنا

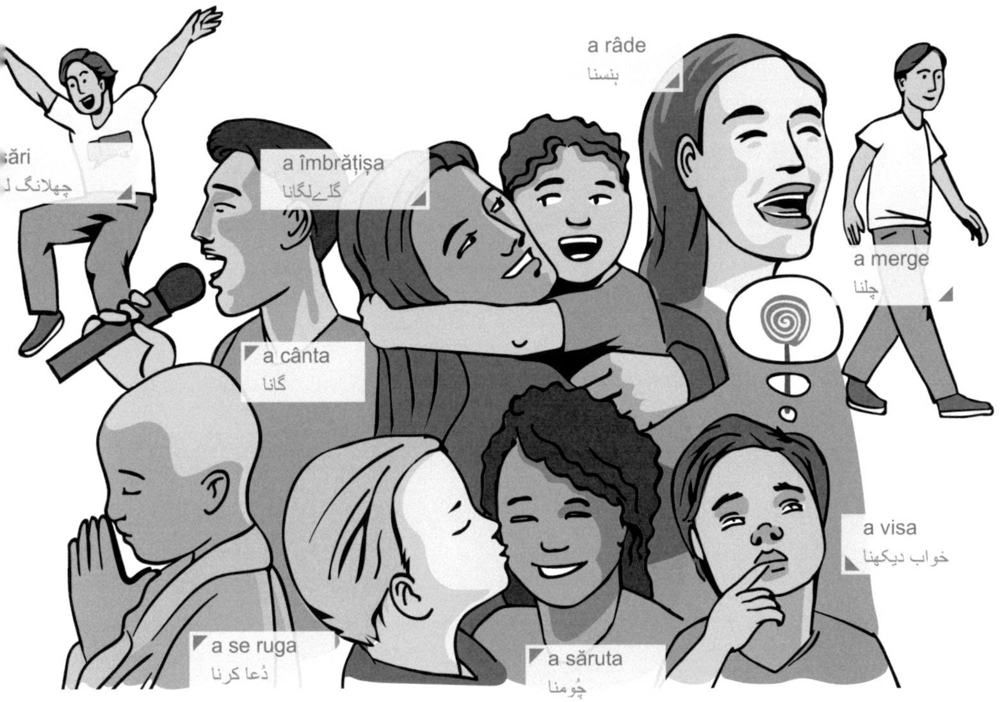

a scrie

لکھنا

a desena

تصویرکشی کرنا

a arăta

دکھانا

a împinge

آگے کی طرف دھکیلنا

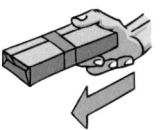

a da

دینا

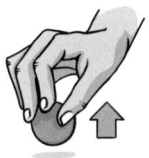

a lua

لینا

a avea

ركھنا

a face

کرنا

a fi

ہونا

a sta în picioare

کھڑا ہونا

a fugi

دوڑنا

a trage

کھینچنا

a arunca

پھینکنا

a cădea

گرنا

a sta întins

جھوٹ بولنا

a aștepta

انتظارکرنا

a purta

اٹھانا

a ședea

بیٹھنا

a se îmbrăca

ملبوس ہونا

a dormi

سونا

a se trezi

جاگنا

a privi

دیکھنا

a plânge

رونا

a mângâia

چوٹ لگانا

a se pieptăna

کنگھی کرنا

a vorbi

بات کرنا

a înțelege

سمجھنا

a întreba

پوچھنا

a asculta

مُتَوجہ ہونا

a bea

پینا

a mânca

کھانا

a face ordine

صاف کرنا

a iubi

پیارکرنا

a găti

پکانا

a conduce

گاڑی چلانا

a zbura

اڑنا

a naviga

بحری سفرکرنا

a calcula

شمارکریں

a citi

پڑھنا

a învăța

سیکھنا

a munci

کام کرنا

a se căsători

شادی کرنا

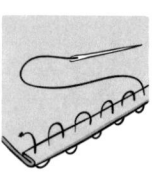

a coase

سینا

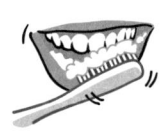

a se spăla pe dinți

دانت صاف کرنا

a ucide

جان سےماردینا

a fuma

تمباکونوشی کرنا

a trimite

بھیجنا

familie

خاندان

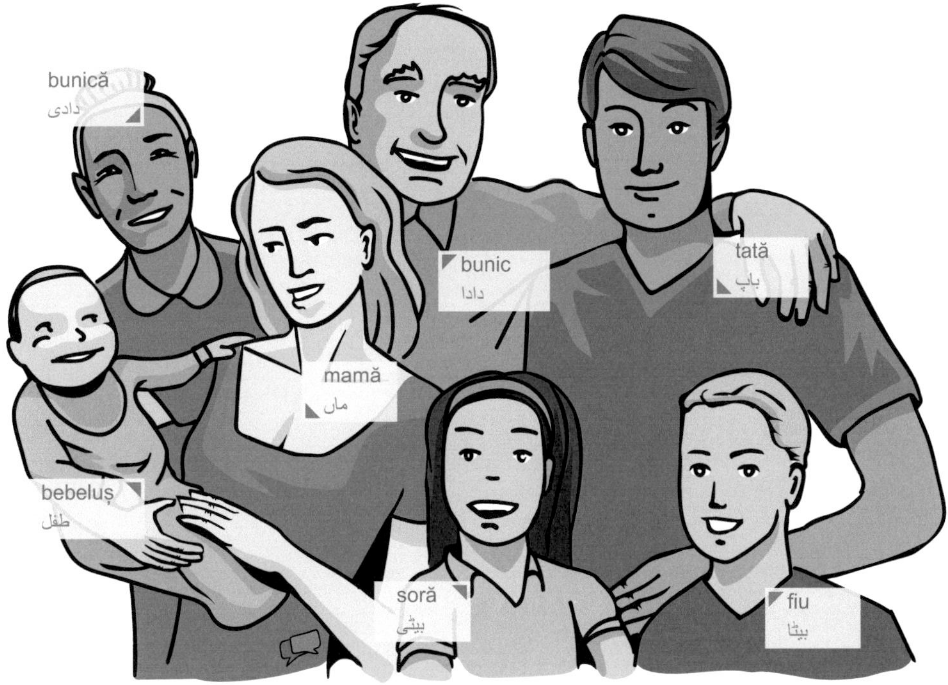
bunică
دادی
bunic
دادا
tată
باپ
mamă
ماں
bebeluș
طفل
soră
بیٹی
fiu
بیٹا

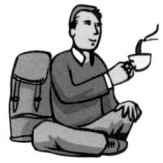

oaspete
مہمان

mătușă
چچی

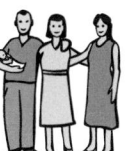

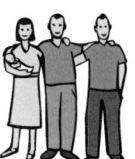

unchi
چچا

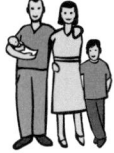

frate
بھائی

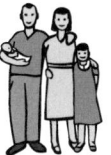

soră
بہن

corp

جسم

frunte
ماتھا
ochi
آنکھ
fața
چہرہ
bărbie
ٹھوڑی
deget
انگلی
mână
ہاتھ
piept
چھاتی
braț
بازو
umăr
کندھا
picior
ٹانگ

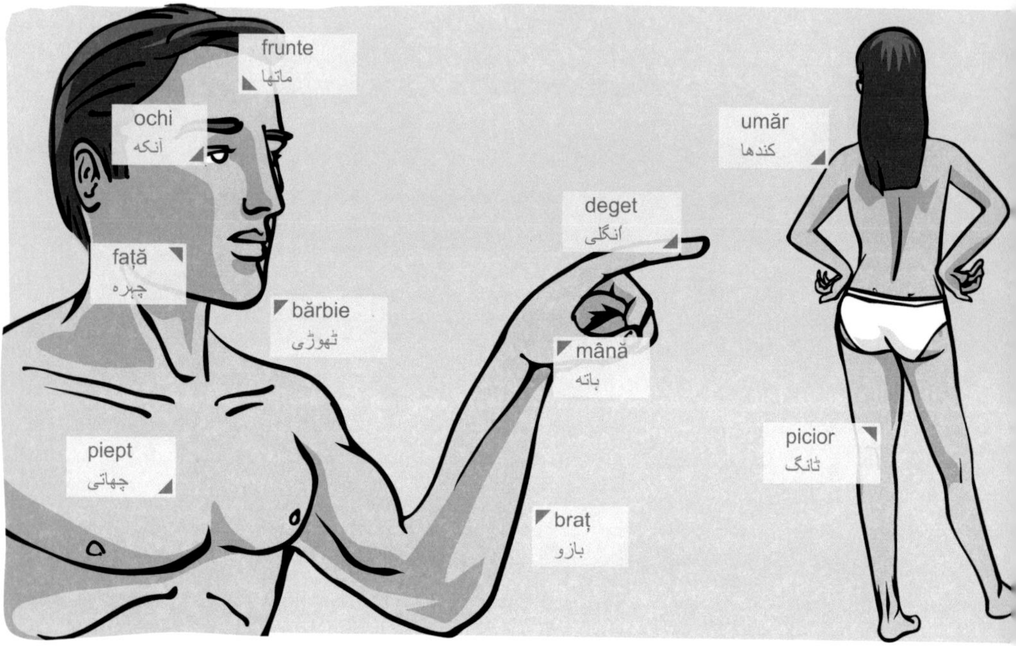

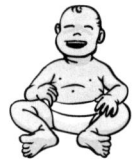

bebeluș

طفل

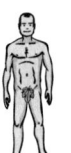

bărbat

آدمی

femeie

عورت

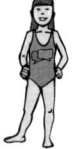

fată

لڑکی

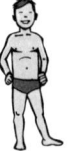

băiat

لڑکا

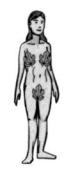

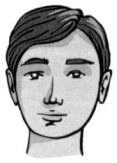

cap

سر

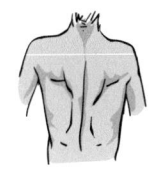

spate

کمر

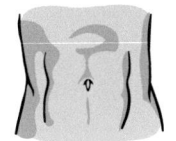

abdomen

پیٹ

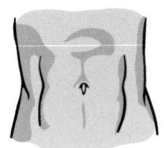

ombilic

ناف

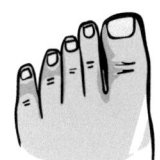

deget de la picior

پاؤں کا انگوٹھا

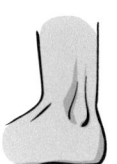

călcâi

ایڑھی

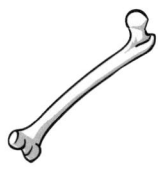

os

ہڈی

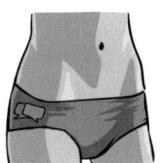

şold

کولہا

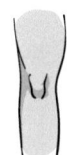

genunchi

گھٹنا

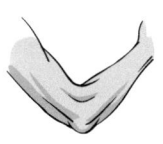

cot

کہنی

nas

ناک

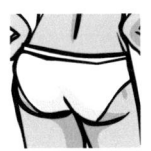

fund

نچلا حصہ

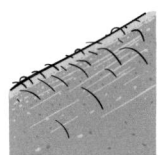

piele

جلد

obraz

گال

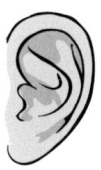

ureche

کان

buză

ہونٹ

gură

مُنہ

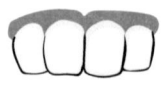

dinte

دانت

limbă

زُبان

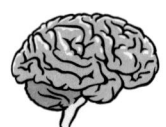

creier

دماغ

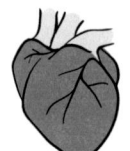

inimă

دل

mușchi

پٹھہ

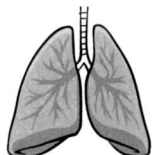

plămân

پھیپھڑا

ficat

جگر

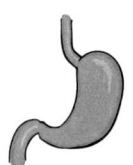

stomac

معدہ

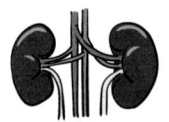

rinichi

گردے

sex

جنس

prezervativ

کنڈوم

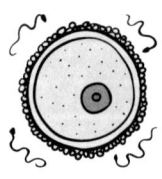

ovul

بیضہ

spermă

مادہ منویہ

sarcină

حمل

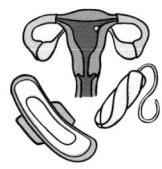

menstruație

حیض

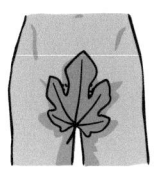

vagin

اندام نهانی

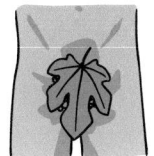

penis

عضو تناسلی

sprânceană

بهنویس

păr

بال

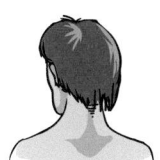

gât

گردن

spital

ہسپتال

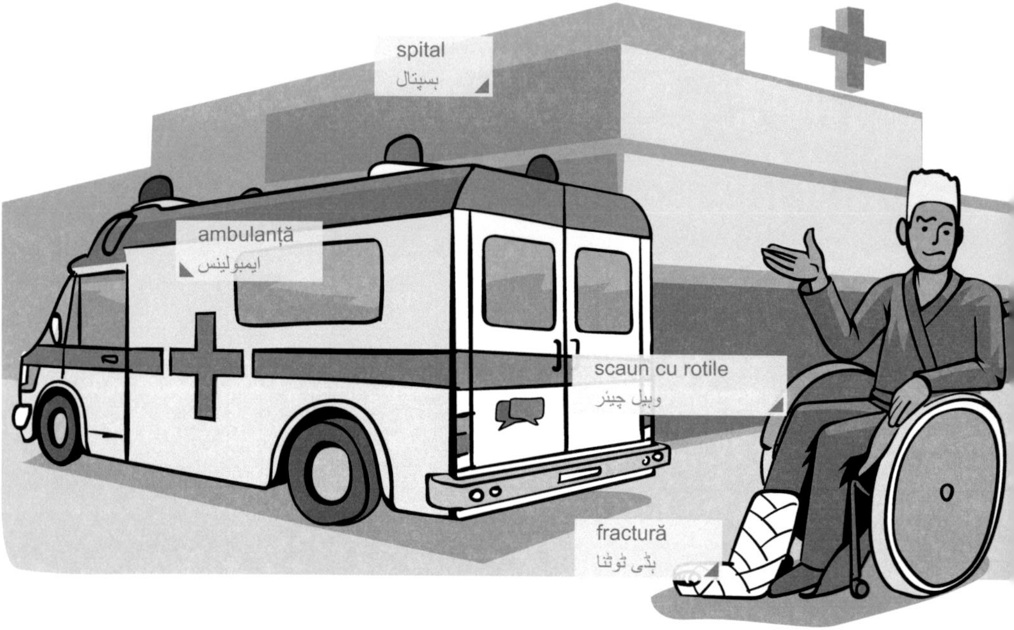

spital
ہسپتال
ambulanță
ایمبولینس
scaun cu rotile
وہیل چیئر
fractură
ہڈی ٹوٹنا

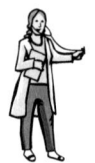

medic

ڈاکٹر

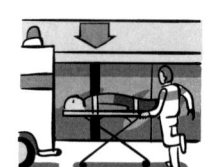

unitate de primiri urgențe

ہنگامی کمرہ

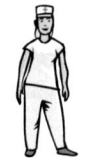

soră medicală

نرس

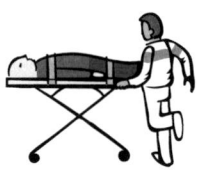

urgență

ہنگامی صورتحال

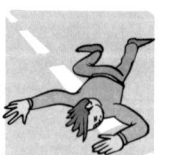

inconștient

بے ہوش

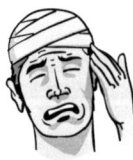

durere

درد

leziune

زخم

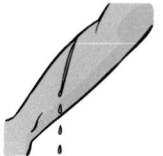

sângerare

خون بہنا

infarct miocardic

دل کا دورہ

atac cerebral

فالج

alergie

الرجی

tuse

کھانسی

febră

بخار

gripă

زکام

diaree

اسہال

durere de cap

سردرد

cancer

کینسر

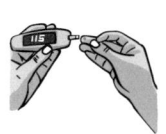

diabet

ذیابیطس

chirurg

سرجن

scalpel

نشتر

operație

آپریشن

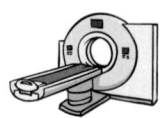

CT

سی ٹی

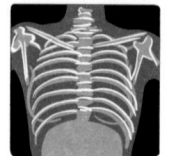

raze Röntgen

ایکس رے

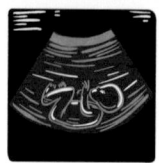

ultrasunet

الٹراساؤنڈ

mască

چہرے کا نقاب

boală

بیماری

sală de așteptare

انتظارگاہ

cârjă

بیساکھی

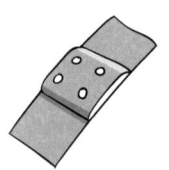

plasture

پلاسٹر

bandaj

پٹی

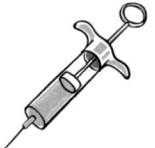

injecție

انجکشن

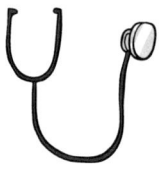

stetoscop

اسٹیتھواسکوپ

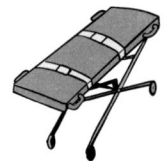

targă

اسٹریچر

termometru

مطبی تھرما میٹر

naștere

پیدائش

supraponderabilitate

حد سےزیادہ وزن

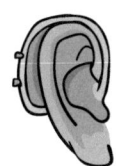

aparat auditiv

آلہ سماعت

dezinfectant

جراثیم کش

infecție

انفیکشن

virus

وائرس

HIV/SIDA

ایچ آئی وی/ ایڈز

medicină

دوا

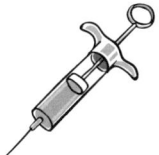

vaccin

ویکسی نیشن

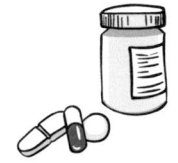

tablete

گولیاں

pastilă

گولی

apel de urgență

ہنگامی کال

aparat de măsurare a presiunii arteriale

بلڈ پریشرمانیٹر

bolnav/sănătos

بیمار / صحتمند

Ajutor!

مدد!

alarmă

الارم

agresiune

مُجرمانہ حملہ

atac

حملہ

pericol

خطره

ieșire de urgenţă

ہنگامی راستہ

Foc!

آگ!

extinctor

آگ بُجھانے والہ آلہ

accident

حادثہ

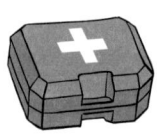

trusă de prim-ajutor

ابتدائی طبی امداد کی کٹ

SOS

ایس او ایس

poliţie

پولیس

Europa

يورپ

America de Nord

شمالی امریکہ

America de Sud

جنوبی امریکہ

Africa

افریقہ

Asia

ایشیا

Australia

آسٹریلیا

Altantic

بحراوقیانوس

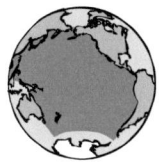

Pacific

بحرالکابل

Oceanul Indian

بحربند

Oceanul Antarctic

بحرقُطب جنوبی

Oceanul Arctic

بحرقُطب شمالی

Polul Nord

قُطب شمالی

Polul Sud

قُطب جنوبی

Antarctica

انتارکتیکا

pământ

زمین

țară

زمین

mare

سمندر

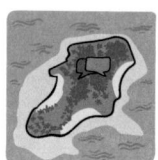

insulă

جزیره

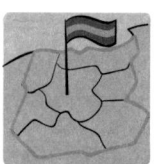

națiune

قوم

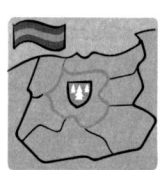

stat

ریاست

cadran

کلاک کا سامنے کا حصہ

orar

گھنٹوں والی سوئی

minutar

منٹوں والی سوئی

secundar

سیکنڈ ہینڈ

Cât e ceasul?

کیا وقت ہوا ہے؟

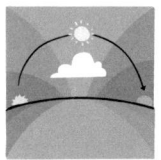

zi

دن

timp

وقت

acum

اب

cead digital

ڈیجیٹل گھڑی

minut

منٹ

oră

گھنٹہ

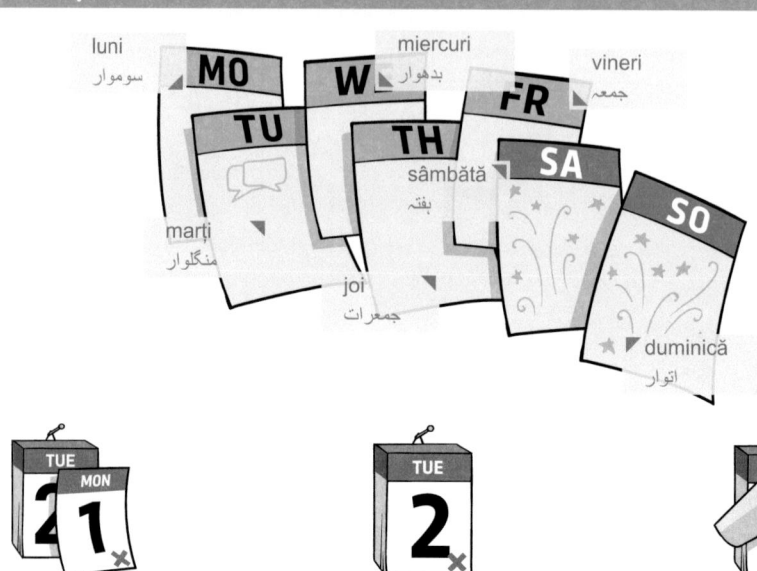

luni
سوموار

miercuri
بدهوار

vineri
جمعہ

TU

marți
منگلوار

joi
جمعرات

sâmbătă
ہفتہ

duminică
اتوار

ieri
گزرا کل

azi
آج

mâine
کل

dimineață
صبح

amiază
دوپہر

seară
شام

zile lucrătoare
کاروباری دن

week-end
ہفتے کا اختتام

ploaie
بارش

curcubeu
قوس قزح

vânt
بواد

zăpadă
برف

primăvară
بهار

vară
موسم گرما

toamnă
خزان

iarnă
موسم سرما

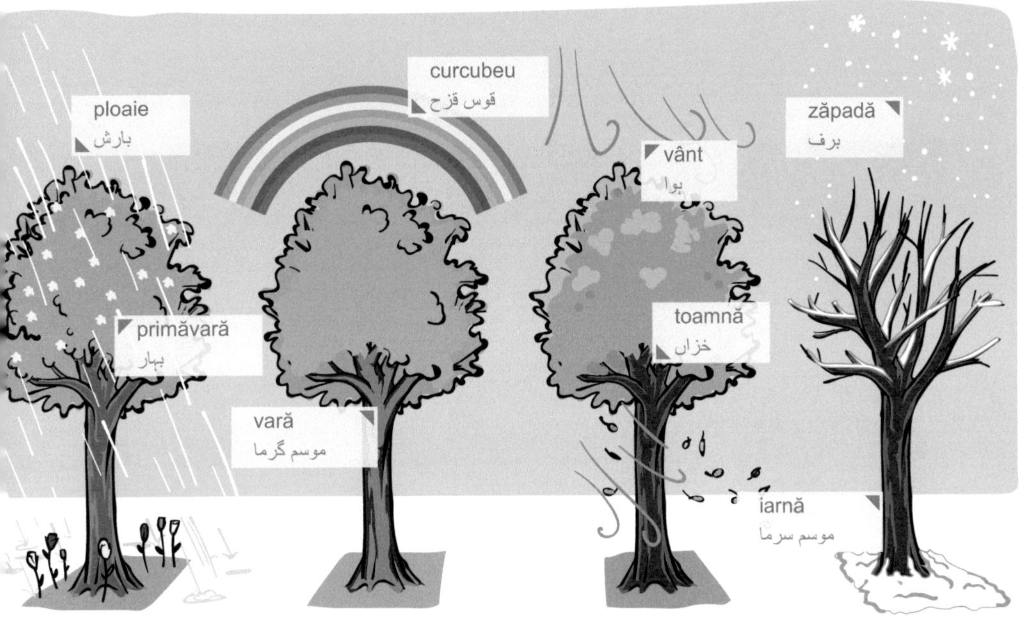

prognoză meteo

موسمی پیش گونی

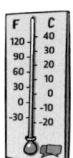

termometru

تهرما میتژ

lumina soarelui

دهوپ

nor

بادل

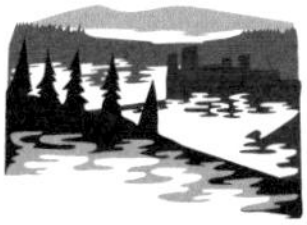

ceață

ذهند

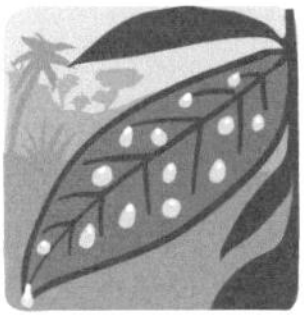

umiditate a aerului

حبس

fulger

بجلی کوندھنا

tunet

بادلوں کی گرج

furtună

طوفان

grindină

ژالہ باری

muson

مون سون

inundație

سیلاب

gheață

برف

ianuarie

جنوری

februarie

فروری

martie

مارچ

aprilie

اپریل

mai

منی

iunie

جون

iulie

جولائی

august

اگست

septembrie

ستمبر

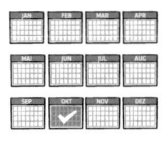

octombrie

اكتوبر

noiembrie

نومبر

decembrie

دسمبر

forme

اشكال

cerc

دائره

pătrat

چوکور

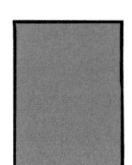

dreptunghi

مستطيل

triunghi

تكون

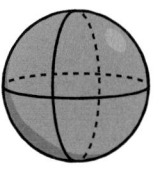

sferă

گره

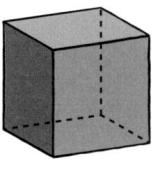

cub

مكعب

culori

alb

سفید

galben

پیلا

portocaliu

نارنجی

roz

گلابی

roşu

سُرخ

violet

جامنی

albastru

نیلا

verde

سیز

maro

بھورا

gri

مثالاً

negru

سیاہ

mult/puțin

بہت زیادہ / بہت کم

furios/calm

ناراض / پُرسکون

frumos/urât

خوبصورت / بدصورت

început/sfârșit

آغاز / اختتام

mare/mic

بڑا / چھوٹا

luminos/întunecat

روشن / اندھیرا

frate/soră

بھائی / بہن

curat/murdar

صاف / گندا

complet/incomplet

مکمل / نامکمل

zi/noapte

دن / رات

mort/viu

زندہ / مُردہ

lat/strâmt

چوڑا / تنگ

comestibil/necomestibil

کھانے کے قابل ہونا / کھانے کے قابل نہ ہونا

rău/prietenos

بُرا / اچھا

emoționat/plictisit

پُرجوش / بوریت کا شکار

gras/slab

موٹا / دُبلا

primul/ultimul

پہلا / آخری

prieten/inamic

دوست / دُشمن

plin/gol

بھرا ہوا / خالی

tare/moale

سخت / نرم

greu/ușor

بوجھل / ہلکا

foame/sete

بھوک / پیاس

bolnav/sănătos

بیمار / صحتمند

ilegal/legal

غیرقانونی / قانونی

inteligent/stupid

عقلمند / بیوقوف

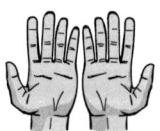

stânga/drepta

بائیں / دائیں

aproape/departe

نزدیک / دور

nou/uzat

نیا / پُرانا

nimic/ceva

کچھ نہیں / کچھ ہے

bătrân/tânăr

بوڑھا / نوجوان

pornit/oprit

أن / اَف

deschis/închis

گھلا / بند

încet/tare

خاموش / بُلند آواز

bogat/sărac

امیر / غریب

corect/fals

ٹھیک / غلط

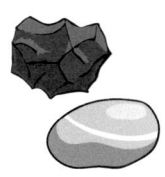

aspru/neted

کھُردرا / ہموار

trist/fericit

افسردہ / خوش

lung/scurt

مُختصر / طویل

încet/repede

آہستہ / تیز

ud/uscat

گیلا / خُشک

cald/rece

گرم / ٹھنڈا

război/pace

جنگ / امن

antonime - مخالف

87

0

zero

صفر

1

unu

ایک

2

doi

دو

3

trei

تین

4

patru

چار

5

cinci

پانچ

6

şase

چھ

7

şapte

سات

8

opt

آٹھ

9

nouă

نو

10

zece

دس

11

unsprezece

گیاره

12

douăsprezece

باره

13

treisprezece

تیره

14

paisprezece

چوده

15

cincisprezece

پندره

16

șaisprezece

سوله

17

șaptesprezece

ستره

18

optsprezece

اتهاره

19

nouăsprezece

اُنیس

20

douăzeci

بیس

100

o sută

سو

1.000

o mie

هزار

1.000.000

un milion

دس لاکه

engleză

انگریزی

engleză americană

امریکی انگریزی

chineza mandarină

چینی مینڈارین

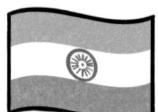

hindi

ہندی

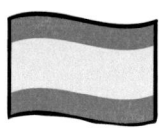

spaniolă

ہسپانوی

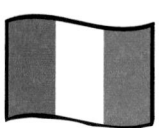

franceză

فرانسیسی

arabă

عربی

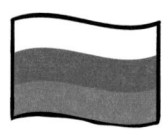

rusă

روسی

protugheză

پُرتگالی

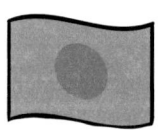

bengaleză

بنگالی

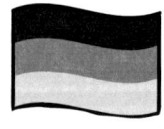

germană

جرمن

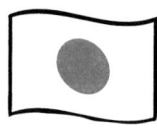

japoneză

جاپانی

eu

میں

tu

تم

el/ea

وہ (لڑکا) / وہ (لڑکی) / یہ

noi

ہم

voi

تم

ea

وہ

cine?

کون؟

ce?

کیا؟

cum?

کیسے؟

unde?

کہاں؟

când?

کب؟

nume

نام

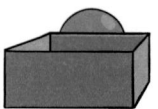

în spate

پیچھے

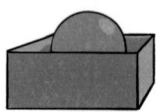

în

میں

înainte

کے سامنے

peste

اوپر

pe

پر

sub

نیچے

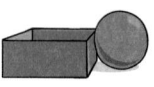

lângă

ساتھ

între

درمیان

loc

جگہ